SPOT

RECORRIDO POR LA CIUDAD

MUSEO

por Alissa Thielges

amicus LEARNING

vestíbulo

pantalla

Busca estas palabras e imágenes mientras lees.

pintura

fósiles

¡Vamos al museo!
¿Qué veremos allí?

Los museos nos enseñan sobre el pasado. Tienen arte y ciencia.

Mira el vestíbulo.
Aquí es donde entras.
Puedes comprar un boleto.

Den Første Kejser
Kinas terrakottahær
Priser
Prices
Priser på klubkort
Klub Moesgaard
SÆRUDSTILLING

pintura

Mira la pintura.
La hizo un artista famoso.
¡Es hermosa!

fósiles

Mira los fósiles.
Son huesos muy antiguos.
¡Provienen de un dinosaurio!

Mira la pantalla. Owen la toca. Aprende algo sobre los bichos.

pantalla

La tienda de regalos está cerca a la salida. Kai compra un libro. ¡Qué gran viaje!

vestíbulo

pantalla

¿Lo encontraste?

pintura

fósiles

SPOT

Publicado por Amicus Learning, un sello de Amicus
P.O. Box 227, Mankato, MN 56002
www.amicuspublishing.us

Library of Congress Cataloging-in-Publication Data
Names: Thielges, Alissa, 1995- author.
Title: Museo / by Alissa Thielges.
Other titles: Museum. Spanish
Description: Mankato, MN : Amicus Learning, [2025] | Series: Recorrido por la ciudad | Original title: Museum.| Audience: Ages 4-7 | Audience: Grades K-1 | Summary: "A search-and-find book about museums reinforces new Spanish vocabulary to build reading success while close-up images of places and buildings captivate young audiences. A great early social studies book to inspire learning about communities on field trips for kindergartners and first graders. North American Spanish translation"—Provided by publisher.
Identifiers: LCCN 2023045313 (print) | LCCN 2023045314 (ebook) | ISBN 9781645499329 (library binding) | ISBN 9798892000253 (ebook)
Subjects: LCSH: Museums—Juvenile literature.
Classification: LCC AM5 .T5518 2025 (print) | LCC AM5 (ebook) | DDC 069—dc23/eng/20231025

Impreso en China

Rebecca Glaser, editora
Deb Miner, diseñador de la serie
Kim Pfeffer, diseñador de libro y investigación fotográfica

Créditos de Imágenes: Alamy Stock Photo/Hufton+Crow-VIEW, 6–7; Kumar Sriskandan, 14; Dreamstime/Agaliza, 1; Lisa Mckown, 3; Shutterstock/Anton_Ivanov, 8–9; Evikka, 12–13; Puwadol Jaturawutthichai, 10–11; Trong Nguyen, cover; The Noun Project/Carol M. Highsmith, 4–5